BEI GRIN MACHT SICH IHR WISSEN BEZAHLT

- Wir veröffentlichen Ihre Hausarbeit,
  Bachelor- und Masterarbeit

- Ihr eigenes eBook und Buch -
  weltweit in allen wichtigen Shops

- Verdienen Sie an jedem Verkauf

Jetzt bei www.GRIN.com hochladen
und kostenlos publizieren

Volker Ahmad Qasir

Stuart Halls "Das Spektakel des 'Anderen'". Differenz, Rassisierung, Inszenierung, Stereotypisierung und Gegenstrategien

GRIN Verlag

Bibliografische Information der Deutschen Nationalbibliothek:

Die Deutsche Bibliothek verzeichnet diese Publikation in der Deutschen National-
bibliografie; detaillierte bibliografische Daten sind im Internet über http://dnb.d-
nb.de/ abrufbar.

Impressum:

Copyright © 2011 GRIN Verlag, Open Publishing GmbH
Druck und Bindung: Books on Demand GmbH, Norderstedt Germany
ISBN: 978-3-656-47944-4

Dieses Buch bei GRIN:

http://www.grin.com/de/e-book/231209/stuart-halls-das-spektakel-des-anderen-
differenz-rassisierung-inszenierung

GRIN - Your knowledge has value

Der GRIN Verlag publiziert seit 1998 wissenschaftliche Arbeiten von Studenten, Hochschullehrern und anderen Akademikern als eBook und gedrucktes Buch. Die Verlagswebsite www.grin.com ist die ideale Plattform zur Veröffentlichung von Hausarbeiten, Abschlussarbeiten, wissenschaftlichen Aufsätzen, Dissertationen und Fachbüchern.

Besuchen Sie uns im Internet:

http://www.grin.com/

http://www.facebook.com/grincom

http://www.twitter.com/grin_com

Stuart Hall – Das Spektakel des „Anderen" (schriftliche Ausarbeitung zum Referat)

Inhaltsverzeichnis

1. Einleitung

Die vorliegende Arbeit ist die schriftliche Ausarbeitung zum Referat über Stuart Halls Text, Das Spektakel des „Anderen". Da vorhergehende Referenten zu anderen Texten Stuart Halls bereits über dessen Leben und Wirken referierten, wurde dieser Teil im eigentlichen Referat ausgespart. Die schriftliche Ausarbeitung greift diesen Punkt jedoch einleitend auf, um den Hintergrund des Autors zu kennen und ihn so hinsichtlich seiner Ansichten besser nachvollziehen zu können. Anschließend folgt eine verkürzte Wiedergabe der wichtigsten Inhalte und theoretischen Zugänge des Textes. Die Arbeit schließt mit einer Reflexion über meine eigenen aus dem Text gezogenen Erkenntnisse.

2. Biografische Skizze des Autors

Stuart Hall wurde im Jahr 1932 in Kingston, Jamaika geboren. 1951 immigrierte er nach Großbritannien und studierte dort aufgrund eines Stipendiums an der Oxford University. Nach seiner Ausbildung lehrte er zunächst an verschiedenen höheren Schulen und Universitäten, bevor er im Jahr 1964 an das Centre for Contemporary Cultural Studies (CCCS) in Birmingham kam, dem er von 1968 bis 1979 als Direktor vor stand. Von 1979 bis zu seiner Pensionierung im Jahr 1997 lehrte er als Professor für Soziologie an der Open University in Milton Keynes.[1] Daneben war Hall auch lange Zeit in der britischen New Left Bewegung politisch aktiv, wo er von 1957 bis 1961 auch im Herausgeberkomitee der New Left Review tätig war. Seit jeher war Hall bestrebt, den Mächtigen und Etablierten zu misstrauen, sowie bestehende Machtverhältnisse aufzudecken, die aufgrund von Klischees und Stereotypen stabilisiert oder hergestellt wurden.[2] Heute gilt Stuart Hall als einer der bedeutendsten Denker und Vorreiter der Cultural Studies. Sein großer Einfluss in diesem Bereich beruht dabei jedoch nicht allein auf seiner wissenschaftlichen Tätigkeit oder seinem Engagement als politischer Aktivist, sondern vielmehr auch auf dem Bemühen, dieses intellektuelle Wissen auch *„gewöhnlichen Menschen, auch ohne akademischen Hintergrund, in einem interdisziplinären eher unkonventionellen Rahmen"*[3] zugänglich zu machen, was auch in vielen seiner Schriften zum Ausdruck kommt.

---

[1] Vgl. Winter, R., Stuart Hall: Die Erfindung der Cultural Studies, in: Moebius, St., Quadflieg, D., Kultur. Theorien der Gegenwart, Wiesbaden, 2006, S. 382
[2] Vgl. Ebenda S. 381
[3] Ebenda, S. 382

3. Das Spektakel des „Anderen"

In Stuart Halls Text, Das Spektakel des Anderen, geht es um die Darstellung und um Darstellungspraktiken von Differenz in unserer Gesellschaft, durch die vielfältigen Bilder unserer Alltagskultur und durch die modernen Massenmedien.[4] Die Andersheit, bzw. der/die Andere wird von einer als *normal* gegebenen kulturellen Identität abgegrenzt repräsentiert und somit stereotypisiert. Der Text gibt dabei Aufschluss über typische Formen, Wesen und Herkunft von Differenzierungspraktiken und zeigt schließlich Gegenstrategien auf, die darauf ausgerichtet sind, in das Feld der Repräsentation einzugreifen und diese positiv zu verändern.[5] Hall analysiert hierzu Darstellungen farbiger Männer und Frauen, also rassische Differenz, während jedoch festgestellt wird, dass diese Art der Darstellung „auch auf andere Dimensionen der Differenz wie Geschlecht, Sexualität, Klasse und Behinderung übertragen werden"[6] kann.

Als Eingangsbeispiel nutzt Hall die unter dem Titel „Helden und Schurken" erschienene Ausgabe des *The Sunday Times Magazine* vom 9. Oktober 1988. Auf dem Titelbild sieht man Ben Johnsons Sprint-Sieg gegen Carl Lewis und Linford Christie. Durch den Kontext des Doping-Skandals von Ben Johnson, in dem sich das Bild befindet, werden auch die beiden ehrlichen, aber ebenfalls schwarzen Sprinter Carl Lewis und Linford Christie in Sippenhaft genommen. Obwohl Fotos eigentlich viele potentielle Bedeutungen haben können, wird durch die Bildunterschrift gerade eine Bedeutung hervorgehoben. Die abgebildeten Anderen scheinen auf dem Bild zwar als Helden aufzutreten, tatsächlich sind es aber Schurken. Die Personen auf dem Bild „gehören alle einer rassisch definierten Gruppe an – einer aufgrund ihrer „Rasse" und Hautfarbe diskriminierten Gruppe, von der wir es eher gewohnt sind, sie in den Nachrichten als Opfer und Verlierer zu sehen. Hier jedoch sind sie die Gewinner!"[7] Diese Situation, in der der Andere als Gewinner auftritt, darf nicht stehen gelassen werden, da sie die „normale" Situation in Frage stellt. Aus diesem Grund werden in der Praxis der Repräsentation „ständig Versuche unternommen, in die vielen potentiellen Bedeutungen des Bildes zu intervenieren und einer davon zu einem privilegierten

---

[4] vgl. Hall, St., Das Spektakel des „Anderen", in: Hall, St., Ideologie, Identität, Repräsentation - Ausgewählte Schriften 4, Hamburg, 1994, S. 108
[5] Vgl. Ebenda
[6] Ebenda, S. 108
[7] Ebenda, S. 109-110

Status zu verhelfen.[8] Diese durch die Bildunterschrift privilegierte Aussage lautet: *„Sogar wenn Schwarze auf dem Höhepunkt ihrer Leistung gezeigt werden, versagen sie oft, wenn es darum geht, den Gewinn davonzutragen"*[9].

3.1 Warum spielt Differenz eine Rolle?

Um zu erklären, warum Differenz eine so wichtige Rolle in unserem Alltagsleben einnimmt, betrachtet Hall betrachtet vier theoretische Ansätze. Zwei davon aus der Sprachwissenschaft, wonach Sprache und Kultur eng miteinander verknüpft sind und durch Differenzierung Bedeutung überhaupt erst existiert, denn: *„Wir wissen, was schwarz bedeutet, [...] nicht weil es irgendeine Essenz des Schwarzseins gibt, sondern weil wir es mit seinem Gegenteil kontrastieren können – weiß."*[10] Auch entsteht Bedeutung erst durch Dialog. Differenz ist also notwendig, *„weil wir Bedeutung nur durch einen Dialog mit dem Anderen herstellen können."*[11] Bedeutung gehört *„niemals irgendeinem einzelnen Sprecher"*, sondern sie entsteht *„erst im Geben und Nehmen zwischen verschiedenen Sprechern"*. Somit ist es also möglich, *„in eine Auseinandersetzung über Bedeutung einzutreten, in der wir ein existierendes Set von Assoziationen aufbrechen und Worte neu besetzen könnten."*[12] Dies bedeutet aber auch, dass der mächtigere Dialogteilnehmer diese Besetzung von Bedeutung beherrscht. Gerade dieser Ansatz ist uns aus den Seminartexten von Gutiérrez Rodriguez und Spivak bereits bekannt, indem Gutiérrez Rodriguez mit Bezug auf Spivaks „Can the subaltern Speak" feststellt, dass durch hegemoniale Repräsentationstechniken das Reden der subalternen Frau verhindert wird.[13] Der dritte, anthropologische, Ansatz erklärt, dass *„Kultur darauf basiert, Dingen eine Bedeutung zu geben, indem ihnen unterschiedliche Positionen innerhalb eines klassifikatorischen Systems zugewiesen werden. Die Kennzeichnung von „Differenz" ist also die Basis der symbolischen Ordnung, die wir Kultur nennen."*[14] Um die eigene Kultur also „rein" zu halten, wird die Kultur gegenüber dem Anderen abgeschottet *und alles, was als unrein oder anormal*

---

[8] Ebenda, S. 110
[9] Ebenda, S. 111
[10] Ebenda, S. 117
[11] Ebenda, S. 118
[12] Ebenda, S. 118
[13] Vgl. Gutiérrez Rodriguez, E., Repräsentation, Subalternität und postkoloniale Kritik, in: Steyerl, H., Gutiérrez Rodriguez, E. (Hrsg.): Spricht die Subalterne deutsch? Migration und postkoloniale Kritik, Münster, 2003, S. 26
[14] Hall, St., Das Spektakel des „Anderen", in: Hall, St., Ideologie, Identität, Repräsentation - Ausgewählte Schriften 4, Hamburg, 1994, S. 119

definiert wird, wird stigmatisiert und ausgegrenzt.[15] Der vierte Ansatz stammt aus der Psychoanalyse und *„geht davon aus, dass es keinen gegebenen stabilen inneren Kern des Selbst oder der Identität gibt. Psychisch sind wir als Subjekte niemals vollständig einheitlich"*[16], weshalb wir uns in einem ständigen Dialog mit dem „Anderen" befinden, um unsere Subjektivität formen zu können. Die Verwendung gegensätzlicher Extreme (Andersheit) dient also dazu, sich selbst (Normalheit) zu definieren. Auch hier lässt sich eine Verbindung zu vorangegangen Texten des Seminars aufzeigen, z.B. in Saids Orientalismus, wo er den Orientalismusdiskurs des Westens als Hilfsmittel beschreibt, durch das der Orient dem Westen half, „sich als dessen kontrastierendes Bild, Idee, Persönlichkeit, Erfahrung zu definieren."[17]

3.2 Rassisierung und Inszenierung

Für die historische Entwicklung der *Rassisierung des Anderen* beschreibt Hall drei Phasen der *„Begegnung des „Westens" mit Schwarzen, die zu einer Lawine populärer Repräsentation führten"*[18] und im Wesentlichen die westlichen Ideen von Rasse und die Bilder rassischer Differenz prägten. Dies war die Gesellschaft der Sklaverei im 16. Jahrhunderts, danach die europäische Kolonialisierung Afrikas und der innereuropäische Machtkampf um die Kontrolle der besetzten Gebiete, sowie deren Märkte und Rohstoffe und schließlich die dritte Phase, die Auswanderungszeit aus der Dritten Welt in die Industrienationen Europas und Nordamerikas nach dem zweiten Weltkrieg bis heute.[19]

Afrika wurde dargestellt als *„Mutter alles Abscheulichen in der Natur",* als von Gott verflucht, als Prototyp der Natur und deshalb im Gegensatz zur westlichen Zivilisation als primitiv und rückständig.[20] Dies spiegelte sich auch in der rechtfertigenden Haltung gegenüber der Sklaverei wider und diente später zur Legitimation der Kolonialisierung, denn der „Schwarze fand sein Glück nur, wenn er unter der Vormundschaft eines weißen Herren stand."[21] Dieser offene Umgang

---

[15] Vgl. Ebenda, S. 120
[16] Ebenda, S. 121
[17] Said, E., Orientalismus, Frankfurt am Main, 1981, S. 8
[18] Hall, St., Das Spektakel des „Anderen", in: Hall, St., Ideologie, Identität, Repräsentation - Ausgewählte Schriften 4, Hamburg, 1994, S. 122
[19] Vgl. Ebenda, S. 122-123
[20] Vgl. Ebenda, S. 123
[21] Ebenda, S. 124

mit dem Schwarzen als minderwertig, ja geradezu als Dreck, wurde auch in Werbebildern und Zeitungsanzeigen unserer Alltagsgesellschaft sichtbar.

Abbildung 1:
PEARS SOAP -
Werbeanzeige
aus dem 19. Jhdt.

Insbesondere war dies bei Seife der Fall, die mit *ihrer „Eigenschaft zu säubern und zu reinigen [...] in der Fantasiewelt der imperialen Werbeanzeigen die Qualität eines Fetisch-Objekts"* erlangte, da sie die Kraft hatte *„schwarze Haut weiß zu waschen".*[22] Auch heute noch werden derartige Stereotype wenigstens latent bedient, z.B. durch „Mohrenköpfe" (vgl. Abbildung 2) oder die Assoziation von schwarzer Hautfarbe mit Schokolade (vgl. Abbildung 3). Durch die Abschaffung der Sklaverei nach dem amerikanischen Bürgerkrieg wandelte sich das Bild zwar, jedoch entwickelten sich im Gegenzug andere Repräsentations-Stereotypen von Schwarzen, die auch insbesondere durch die Entstehung des Kinos weiter gepflegt wurden.[23]

Abbildung 2: Mohrenkopf-Gebäck zu Fasching

Abbildung 3: Grabower Togo-Waffeln

---

[22] Ebenda, S. 125
[23] Vgl. Ebenda, S. 134-135

3.3 Stereotypisierung

Unter der Stereotypisierung versteht Hall die Einordnung einer Sache oder Person in eine bekannte Kategorie (analog zur Typisierung), wobei jedoch der Mensch auf einfache, besonders anschauliche und leicht einprägsame, leicht zu erfassende und weithin anerkannte Eigenschaften reduziert wird. Diese Eigenschaften werden weiter übertrieben, nochmals vereinfacht und ohne Wechsel oder Entwicklung für die Ewigkeit festgeschrieben.[24] Dadurch ist es ein Mittel zur Spaltung von Gesellschaften, indem es eine symbolische Grenze zwischen dem „Normalen" und dem „Devianten" errichtet, zwischen dem „Akzeptablen" und dem „Unakzeptablen", zwischen dem was dazu gehört und dem, was nicht dazu gehört, dem „Anderen".[25] Stereotypisierung tritt deshalb vor Allem dort auf, wo es große Ungleichheiten in der Machtverteilung gibt. Der Mächtige definiert sich selbst als „normal" und stellt die so definierten Normen und Werte der eigenen Kultur die der „Anderen" gegenüber. Diese rassische Macht des Weißen Mannes gegenüber dem Schwarzen führte auch zur Verweigerung zentraler männlicher Attribute diesem gegenüber, wie z.B. Autorität, familiäre Verantwortung oder der Besitz von Eigentum. So wurden schwarze Männer und Frauen als „Boy" und „Girl" bezeichnet und so auf den Rang unmündiger Kinder degradiert. Diese Infantilisierung versteht Hall auch als symbolische Kastration des schwarzen Mannes.[26] Überhaupt ist Machtausübung sehr eng mit Fantasie und Sexualität verwoben, denn *„Weiße haben oft über die exzessiven sexuellen Gelüste und die Potenz schwarzer Männer fantasiert – genauso wie über den lüsternen übersexualisierten Charakter schwarzer Frauen – die sie sowohl fürchteten als auch insgeheim beneideten."[27]*

Eine in diesem Zusammenhang besonders wichtige Repräsentationspraxis sieht Hall im Fetischismus, der es ermöglicht, ein tabuisiertes, gefährliches, verbotenes Objekt des Vergnügens und des Begehrens, z.B. den Phallus, *„gleichzeitig zu repräsentieren und doch nicht zu repräsentieren."[28]* Beispielsweise ist sexuelle Begierde primitiv und für den hoch entwickelten, zivilisierten Westen nicht öffentlich vertretbar. Durch den Fetischismus kann *„sexuelle Energie, das*

---

[24] Vgl. Ebenda, S. 144
[25] Vgl. Ebenda, S. 144
[26] Vgl. Ebenda, S. 149
[27] Vgl. Ebenda, S. 149
[28] Ebenda, S. 158

Begehren, und die Gefahr, alles Emotionen, die auf machtvolle Weise mit dem Phallus assoziiert sind", auf andere Teile des Körpers oder ein anderes Objekt, das ihn ersetzt, übertragen werden.[29] Dadurch ist der Mensch in der Lage zu begehren, dieses aber gleichzeitig zu verleugnen, da es ja nicht offen gezeigt, sondern durch das Fetisch-Symbol ersetzt und somit verschlüsselt wird.

3.4 Gegenstrategien

Unter dem Titel „Angriff auf das rassisierte Repräsentationsregime" erläutert Stuart Hall drei Transkodierungsstrategien, die einer negativen Repräsentation von Andersheit entgegen steuern. Als erstes nennt er die Umkehrung der Stereotypisierung durch die positive Darstellung eigentlich negativer Stereotype. Dies z.B. durch Filme, in denen Schwarze die Hauptrolle spielen und vom unterwürfigen, guten, bevormundeten und vom Weißen abhängigen Schwarzen „Sklaven" zum arroganten, kriminellen, Weißen gegenüber respektlosen Gangster avancieren. Dadurch wird der vorhandene rassisierte Stereotyp zwar angegriffen, doch das *„Stereotyp umzukehren bedeutet nicht notwendigerweise es umzustürzen und zu untergraben. Dem Zugriff eines stereotypen Extrems zu entkommen [...] kann ganz einfach bedeuten, seinem stereotypen „Anderen" in die Falle zu gehen."[30]*

Die zweite Strategie ist der Versuch, die negative Bildsprache in unserer Alltagskultur durch positive Bilder *„von Schwarzen, ihrem Leben und ihrer Kultur zu ersetzen. Dieser Ansatz hat den Vorteil, dass er eine Balance herstellt",* indem der den negativ besetzten Begriff (schwarz) positiv liest, ihn stark erweitert und somit den Reduktionismus der Stereotypisierung entgegentritt.[31] Das Problem dieser Strategie kann es jedoch sein, dass durch das Hinzufügen positiver Bilder zum weitgehend negativen Repertoire der dominanten Repräsentationsregime zwar die Vielfalt vergrößert, das Negative jedoch gar nicht verdrängt wird. *„Der friedliebende, kinderumsorgende Rastafari kann immer noch, in der Zeitung des nächsten Tages, als exotisches und gewalttätiges Stereotyp erscheinen."[32]* Die dritte Gegenstrategie versucht durch einen positiven, offenen Bezug auf den

---

[29] Vgl. Ebenda, S. 155
[30] Ebenda, S. 161
[31] Ebenda, S. 162
[32] Ebenda, S. 163

schwarzen Körper dessen negative Repräsentation von innen heraus anzufechten. Die durch den Fetischismus geleugneten Begierden werden *„durch das Auge der Repräsentation"* betrachtet, dabei jedoch wird dieses Schauen der Sexualität (und nicht des Fetisch-Objekts) offen zugegeben, wodurch eine scheinbare Wiederholung rassistischer Fantasien tatsächlich auftritt als *„dekonstruktivistische Strategie, die anfängt, die psychischen und sozialen Beziehungen der Ambivalenz offen zu legen, die bei der kulturellen Repräsentation von Rasse und Sexualität im Spiel sind."*[33]

4. Fazit und Reflexion

Stuart Hall liefert mit *Das Spektakel des Anderen* ein mächtiges Werkzeug zum Verständnis dafür, wie Repräsentation funktioniert und die Konstruktion von rassischer Differenz und Rassismus vorantreibt. Die angeführten Beispiele zeigen dabei, dass sich die ablehnende Haltung gegenüber *Anderen* und *Anderem* nicht nur auf der Ebene von Machthabern und (sogenannten) Intellektuellen beschränkt, sondern über diese auch auf das Alltagsgeschehen einer Gesellschaft übertragen und somit von ihr internalisiert wird. Als Folge davon werden eigentlich rassistische Äußerungen oder Darstellungen (z.B. „Mohrenkopf") gar nicht mehr als solche wahrgenommen, sondern vielmehr im Sinne von eigenen der Kultur zugehörigen Traditionen verstanden. Dass diese jedoch durch die Trennung zwischen *normal* und *anders* und somit auch durch die Abgrenzung des *Eigenen* gegenüber dem *Anderen* entstanden ist, nimmt der Einzelne meist gar nicht wahr. Umso gefährlicher ist die Wirkung rassistischer Repräsentation und umso wertvoller ist Stuart Halls Beitrag, insbesondere da wir uns in einer Zeit befinden, in der Massenmedien durch visuelle Darstellungen einen Großteil gesellschaftlicher Meinungsbildung beeinflussen.

---

[33] Ebenda, S. 165

Quellenverzeichnis

Bücher:

- **Gutiérrez Rodriguez, E.**, Repräsentation, Subalternität und postkoloniale Kritik, in: Steyerl, H., Gutiérrez Rodriguez, E. (Hrsg.): Spricht die Subalterne deutsch? Migration und postkoloniale Kritik, Münster, 2003, S. 17-37
- **Hall, St.**, Das Spektakel des „Anderen", in: Hall, St., Ideologie, Identität, Repräsentation - Ausgewählte Schriften 4, Hamburg, 1994, S. 108-166
- **Said, E.**, Orientalismus, Frankfurt am Main, 1981
- **Winter, R.**, Stuart Hall: Die Erfindung der Cultural Studies, in: Moebius, St., Quadflieg, D., Kultur. Theorien der Gegenwart, Wiesbaden, 2006, S. 381-393

Abbildungen:

- **Abbildung 1:** PEARS SOAP Werbeanzeige aus dem 19. Jhdt.
  Abruf vom 07.09.2011 auf:
  http://c1keyconceptsinmc.files.wordpress.com/2010/11/pears-full-blog.jpg

- **Abbildung 2:** Mohrenkopf Gebäck zu Fasching
  Abruf vom 07.09.2011 auf:
  http://upload.wikimedia.org/wikipedia/commons/0/09/Mohrenkopf_Fasching.jpg

- **Abbildung 3:** Grabower Togo-Waffeln
  Abruf vom 07.09.2011 auf:
  http://www.worldofsweets.de/out/pictures/z1/Grabower-Togo-Waffeln.jpg